L'UNION

DES

TISSEURS ROANNAIS.

PROJET D'ASSOCIATION.

STATUTS.

ROANNE,

IMPRIMERIE DE A. FARINE, RUE NATIONALE, 70.

1848.

APPEL

DE L'UNION DES TISSEURS ROANNAIS

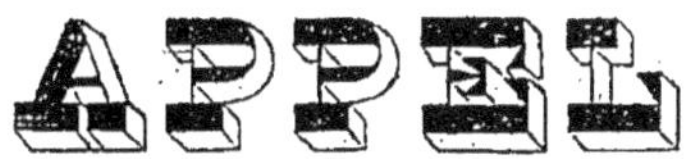

AUX HABITANTS DE ROANNE.

Au moment où l'industrie cotonnière, après une si longue léthargie, semble être sur le point de reprendre un nouvel essor, dans notre localité ; alors que la consommation, long-temps paralysée, réclame impérieusement de nouveaux produits, et, en ramenant les commandes, va rendre l'espoir à tant de familles ouvrières dans le dénuement : les habitants de Roanne ne verront pas sans intérêt, sans sympathie, les efforts tentés par un grand nombre d'ouvriers tisseurs de cette ville, dans le but d'exploiter, en association fraternelle, cette branche de leur industrie. Une dissidence fâcheuse, alarmante pour tous, a long-temps existé entre les maîtres-fabricants et les ouvriers. Plusieurs rapprochements ont été vainement tentés, sans qu'on ait su précisément à qui attribuer le bon droit, à qui les prétentions outrées, iniques. La question est restée pendante, mais au détriment des faibles que le chômage et la faim font promptement capituler et qui rentrent bientôt sous le joug, aigris dans leur isolement, irrités de leur impuissance, alors quelquefois, par malheur, accessibles aux conseils du désordre. C'est à cette situation, à cette alternative intolérable qu'il importe d'apporter un remède, de mettre un terme s'il est possible. Les ouvriers tisseurs sociétaires livrent à l'appréciation impartiale des habitants de Roanne, leurs bonnes intentions, en même temps qu'ils viennent réclamer la bienveillance et l'appui de leurs concitoyens pour l'exécution des moyens propres à atteindre le but qu'ils se proposent. Les maîtres-fabricants prétendent qu'il leur est impossible, à moins de se ruiner, de consentir aux prix de main-d'œuvre exigés habituellement des ouvriers. La société projetée demande alors les moyens d'entrer en libre et loyale concurrence, convaincue qu'à l'exemple de la plupart des maîtres-fabricants, à l'exemple aussi de plusieurs associations analogues qui fonctionnent avec plein succès dans différentes villes et notamment à Lyon, elle trouvera dans son travail non-seulement une existence indépendante et assurée, mais encore des bénéfices raisonnables ; à cet effet elle appelle à son aide quelques capitaux nécessaires encore pour compléter ses propres ressources. Il serait superflu d'énumérer tous les avantages qui ressortent, pour la ville de Roanne, de la réalisation de ce projet ; de quelque point de vue qu'on l'envisage, soit suos le rapport de l'humanité bien entendue, soit sous celui de la prospérité du pays, il mérite également l'attention des hommes sérieusement dévoués au bien public. L'organisation de la société n'exige pas de sacrifices, c'est un placement aussi assuré qu'en quelle spéculation que ce soit, et néanmoins y participer sera une œuvre de charité largement et efficacement pratiquée, puisque 300 familles au moins, le dixième de la population roannaise, en attendent leur subsistance honorablement gagnée. Enfin, ce sera un encouragement mérité et dû à une industrie locale que plusieurs fabricants tendent à déplacer en occupant de préférence les habitants des campagnes, source d'innombrables inconvénients.

Les ouvriers tisseurs, encouragés déjà par une loi expresse de l'Assemblée nationale, soumettent avec confiance au public, le plan mûrement élaboré de leur organisation, espérant que leurs concitoyens, y trouvant comme eux tant d'avantages et de chances de succès, n'hésiteront pas à leur prêter assistance.

L'UNION DES TISSEURS ROANNAIS.

PROJET D'ASSOCIATION.

STATUTS.

Les soussignés sont convenus de ce qui suit :

Considérant que les fabricants, en raison de la concurrence étrangère, de leurs frais généraux et de la dépréciation qu'ils se font mutuellement subir à la vente, se trouvent dans l'impossibilité d'augmenter le salaire des ouvriers ;

Ces derniers se voient obligés de chercher dans l'association le seul remède possible à leurs maux ; c'est dans l'union franche et loyale de tous, ainsi que dans l'organisation fraternelle de leur industrie qu'ils espèrent le trouver.

Ils ont longuement médité les graves et nombreuses difficultés qu'ils auront à surmonter, mais ils comptent sur leur courage et leur patience pour les applanir.

Ils appellent à l'édification de leur œuvre les défenseurs de la famille et de tous les droits légitimement acquis, ainsi que les citoyens vraiment amis de l'ordre et du travail.

Une fois la Société constituée régulièrement, chaque membre devra se pénétrer qu'il doit son travail assidu et son concours loyal et franc au bien général, obéissance, respect et confiance aux chefs qu'il se sera donnés lui-même, et enfin dévouement à tous ses co-associés qui sont ses frères. L'association dont il s'agit est un corps industriel qui serait perdu sans la discipline et la fraternité ; chacun devra se souvenir et se bien pénétrer de cette vérité :

« L'union fait la force, donne la richesse et produit le bonheur. »

Telles sont les idées fondamentales de notre projet et avons, d'un commun accord, rédigé les conditions suivantes :

FONDATION DE LA SOCIÉTÉ.

ARTICLE PREMIER. — Il est formé une société en commandite, entre les soussignés et ceux qui, conformément aux présents statuts, deviendront sociétaires.

ART. 2. — La Société prend le nom de L'UNION DES TISSEURS ROANNAIS.

ART. 3. — Le siége de la société est à ROANNE.

ART. 4. — Sa durée sera de quatre vingt-dix-neuf ans.

FONDS SOCIAL.

ART. 5. — Le fonds social sera de DEUX CENT MILLE FRANCS ; il sera divisé en 400 actions de 500 francs chacune.

ART. 6. — La société se composera d'Ouvriers Sociétaires et de Commanditaires non travailleurs.

ART. 7. — Les 100 premières actions seront délivrées, aux Ouvriers Sociétaires, moyennant un versement qui sera au moins de 25 francs ; une retenue de 1/10ᵉ sera faite sur le salaire de l'ouvrier jusqu'à entier versement de son action. Cette retenue sera appliquée à compléter ladite action.

Art. 8. — Les 100 autres actions seront délivrées aux Ouvriers Sociétaires moyennant un versement qui sera au moins de 50 francs, il sera de même fait une retenue de 1/10e sur leur salaire jusqu'à entier versement de leur action.

Art. 9. — Les Commanditaires devront verser le montant de leur action en un seul versement.

Art. 10. — Tout Sociétaire qui sera en retard d'effectuer l'un de ses versements sera mis en demeure par une sommation, qui lui sera faite à domicile ; un mois après cet avertissement resté infructueux, il sera déchu de droit, et sans qu'il faille le faire ordonner par justice, son action sera vendue au profit de la Société.

Dans le cas où un ouvrier sociétaire prendrait une autre profession, il devient commanditaire ; néanmoins il serait tenu de compléter son action, c'est-à-dire il verserait tous les mois une somme égale à la retenue qui lui était faite en travaillant pour la Société.

Art. 11. — Chaque Sociétaire n'est engagé que jusqu'à concurrence de la mise de fonds.

Art. 12. — Les titres d'actions ne seront délivrés qu'après le paiement intégral.

Art. 13. — Les actions seront extraites d'un registre à souche ; elles porteront un numéro d'ordre, elles seront frappées d'un timbre sec à l'usage de la Société, et elle seront signées par le gérant et par le président de la commission de surveillance.

Art. 14. — Tout Sociétaire ou Commanditaire aura le droit de transmettre son action, mais seulement avec le consentement de la commission de surveillance.

Art. 15. — En cas de mort, les héritiers auront les mêmes avantages que le décédé ; ils auront le droit de transmettre leur action avec le consentement du conseil de gérance seulement.

Art. 16. — Le transfert des actions s'opèrera par un endossement mis sur le titre.

Art. 17. — Tout porteur d'action qui voudra céder son titre, sera tenu de le présenter à la gérance qui pourra l'acquérir au cours du jour, pour le compte et au nom de la Société.

Art. 18. — Une caisse publique ou particulière, désignée par le conseil de surveillance, recevra le montant des actions et restera dépositaire de tous les fonds disponibles de la Société.

Art. 19. — Aucun Sociétaire ou Commanditaire ne pourra se retirer avant 5 ans, et ce en avertissant un an d'avance ; son action lui sera remboursée par 1/2, de six en six mois, sans avoir part au fonds d'amortissement provenant des 4/10es qui seront prélevés sur les bénéfices ; aucun intérêt ne sera payé sur la mise de fonds à dater du jour de son avertissement.

Art. 20. — Les ouvriers sociétaires pourront apporter pour mise de fonds, des valeurs mobilières, telles que métiers à tisser et autres ustensiles propres à à l'art ; mais lorsqu'ils se retireront, ils seront tenus de les reprendre pour la même valeur que celle qui aura été fixée le jour qu'ils auront été reçus pour mises de fonds.

En conséquence, ils n'auront droit à aucune indemnité, pour l'usure des métiers ou leur détérioration, il en sera de même à la dissolution de la Société.

Art. 21. — Un intérêt de 4 0/0 sera payé aux Actionnaires Sociétaires et aux Commanditaires, sur leur mise de fonds en espèces ; l'intérêt ne sera payé aux ouvriers actionnaires que lorsqu'ils auront complété une somme de 100 francs, ainsi en continuant de 100 fr. en 100 francs.

Art. 22. — Il ne sera payé aucun intérêt sur les

mises de fonds fournies en valeurs mobilières, tels que métiers propres à tisser et autres ustensiles.

ART. 23. — Tout sociétaire qui vendrait ou engagerait les valeurs mobilières qu'il aurait fournies pour mise de fonds, serait tenu de fournir immédiatement la même valeur en espèces; dans le cas contraire, il sera exclu de la Société, sans avoir aucun remboursement des retenues qui lui auraient été faites antérieurement sur son travail.

ART. 24. — En cas de maladie il sera délivré des secours aux ouvriers sociétaires sur leur mise de fonds, mais à la charge par eux de la compléter par une retenue qui sera ultérieurement faite sur leur travail; cette retenue sera fixée par la commission de surveillance.

CONDITIONS D'ADMISSION.

ART. 25. — Le citoyen qui voudra faire partie de la Société, devra offrir toutes les garanties de probité, de moralité et de bonne conduite. La Commission de surveillance sera le juge de ces garanties.

ART. 26. — Ne pourra être admis comme sociétaire celui qui n'aura pas 21 ans accomplis, ou qui, se trouvant dans un des cas d'incapacité prévus par la loi, ne pourra contracter un engagement valable.

ART. 27. — Tout sociétaire qui aurait rendu deux chaînes consécutives, reconnues mal confectionnées, par la commission de surveillance, sera exclu de la Société et réglé immédiatement sur le pied du dernier inventaire.

ART. 28. — Le citoyen exclu de la Société perdra par ce fait tous ses droits sur les fonds d'amortissement provenant des 4/10es qui seront pris sur les bénéfices.

ART. 29. — Seront admis à faire partie de la société, à titre de sociétaires, les ouvriers tisseurs seulement.

COMMISSION DE SURVEILLANCE.

ART. 30. — Cette commission sera prise dans le sein des sociétaires et dans les commanditaires ; elle sera composée de 21 membres dont 17 seront pris parmi les sociétaires et 4 dans les commanditaires.

ART. 31. — Elle devra s'assembler une fois par mois ; ses fonctions seront gratuites.

ART. 32. — Elle sera renouvelée par tiers à la fin de chaque année ; le sort désignera les membres sortants, les deux premières années.

ART. 33. — Avant d'entrer en fonctions, elle nommera son président et son secrétaire.

ART. 34. — Elle ne pourra délibérer à moins qu'il y ait les deux tiers des membres présents.

CONSEIL DE GÉRANCE.

ART. 35. — La commission de surveillance nommera à l'élection un conseil de gérance, qui sera composé d'un gérant et d'un sous-gérant.

ART. 36. — Ces gérants seront nommés pour 3 ans et pourront être réélus.

ART. 37. — En cas de malversation et de motifs graves, la commission de surveillance pourra révoquer un ou plusieurs des gérants, et ce à l'unanimité des voix.

ART. 38. — Le gérant ou le sous-gérant qui serait exclu de ses fonctions aura le droit d'en appeler devant les tribunaux.

ART. 39. — Elle aura l'administration commerciale et manufacturière de la Société, ordonnera les dépenses et délivrera les mandats de paiements.

ART. 40. — Les attributions des gérants et sous-gérants seront fixées par la Commission de surveillance.

Art. 41. — Le gérant aura la signature de la Société, et ne pourra l'employer que pour les opérations dont les livres porteront écritures.

Art. 42. — Le sous-gérant ne pourra signer que par procuration.

Art. 43. — Dans le cas où le gérant serait obligé de s'absenter, le sous-gérant le remplacera, en conséquence il aura la signature de la Société.

Art. 44. — Dans le cas de décès du gérant ou de cessation de ses fonctions, pour une cause quelconque, il sera remplacé provisoirement par le sous-gérant.

Art. 45. — Les droits de la Société seront exercés devant les tribunaux et auprès des autorités, au nom de la gérance, et à ses poursuite et diligence.

Art. 46. — Le gérant nommera à tous les emplois ; il aura plein pouvoir sur les employés sous ses ordres.

Art. 47. — La gérance sera tenue de donner tous les 3 mois à la commission de surveillance, un état des opérations de la Société.

Art. 48. — Le gérant devra être pris dans les membres sociétaires ou commanditaires.

Art. 49. — Le sous-gérant et autres employés nécessaires à l'administration seront pris parmi les sociétaires.

Art. 50. — Le prix des façons sera fixé tous les 3 mois par la commission de surveillance.

Art. 51. — Tous les 3 mois, la commission de surveillance, nommera un jury d'examen composé de 5 membres, pour juger sur les différentes difficultées qui pourraient survenir sur le travail des ouvriers sociétaires.

Art. 52. — Les mêmes membres ne pourront faire partie de ce jury qu'un an après avoir cessé leurs fonctions.

RÉPARTITION DES BÉNÉFICES.

Art. 53. — 2/10ᵉˢ Seront répartis aux ouvriers sociétaires et aux commanditaires, à raison du montant de leur mise de fonds.

Art. 54. — 3/10ᵉˢ Seront répartis aux ouvriers sociétaires à raison du montant du salaire qu'ils auront reçu pendant l'année.

Art. 55. — 1/10ᵉ Sera distribué aux employés, à raison du montant de leurs appointements.

Art. 56. — 4/10ᵉˢ Resteront comme fonds d'amortissement; à la dissolution de la Société ils seront répartis aux ouvriers sociétaires, proportionnément à leur mise de fonds et eu égard à l'espace de temps pendant lequel ils auront fait partie de la société.

Art. 57. — Les bénéfices ne seront perçus que trois mois après la clôture et l'acceptation de l'inventaire de l'année précédente.

Art. 58. — Tout associé qui n'aura pas complété sa mise de fonds sera tenu d'y appliquer la moitié de sa part dans les bénéfices.

Art 59. — En cas de pertes, les fonds d'amortissement seront d'abord épuisés, après quoi elles seront supportées par tous les sociétaires et commanditaires à raison de leur mise de fonds.

Art. 60. — Dans les temps où le travail ne serait pas suffisant pour occuper tous les sociétaires, la gérance après avoir pris l'avis de la commission de surveillance, fixera le temps du chômage à supporter après la confection de chaque pièce.

Art. 61. — Si après un ou plusieurs inventaires, la Société se trouvait en perte de la moitié de son fonds social, l'association pourrait être dissoute, néanmoins avec le consentement des deux tiers des sociétaires.

Art. 62. — Dans le cas de dissolution de la société, la liquidation serait faite et mise à fin par la gérance alors en exercice, sous la direction de la commission de surveillance.

Art. 63. — La société constituée dès aujourd'hui ne commencera ses opérations que lorsque le fonds social aura atteint 30,000 francs.

Art. 64. Les clauses et conditions de ce présent acte de société devront être exécutées avec franchise et bonne foi par les sociétaires.

S'adresser pour tous renseignements aux bureaux établis rue du Rivage, n° 7.

Roanne, Imprimerie de A. Farine.